AF250688

NOTICE HISTORIQUE

SUR LE

CHAPITRE SAINT - ÉTIENNE

DE CHALONS-SUR-MARNE,

Par M. Ed. de BARTHÉLEMY,

*Inspecteur des monuments historiques de la Meuse,
Membre de la Société d'archéologie lorraine, de la Commission d'archéologie de la
Marne, etc.*

Mai 1851.

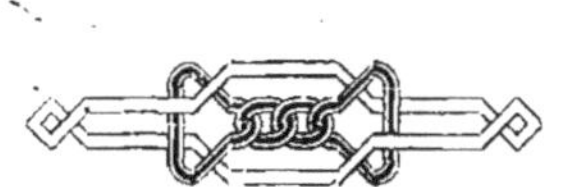

CHALONS,

IMPRIMERIE-LIBRAIRIE DE T. MARTIN, PLACE DU MARCHÉ-AU-BLÉ.

1851.

NOTICE HISTORIQUE

CHAPITRE SAINT-ETIENNE

DE CHALONS-SUR-MARNE.

Après avoir montré la puissance temporelle et municipale des évêques de notre ville, puissance qui fut après de longs débats anéantie en partie par les chanoines de Saint-Etienne à leur profit, il n'est pas sans intérêt, je crois, de suivre l'existence et les progrès de ce Chapitre, étude assez curieuse du reste par la diversité de ses phases et les nombreuses querelles qui s'y développèrent pendant plusieurs siècles.

Dans les premiers temps du Christianisme, l'évêque avait la conduite spirituelle de tous ses diocésains. Les prêtres qui le secondaient dans son ministère résidaient auprès de lui, faisaient partie de sa famille, allaient partout où il les envoyait. Nul n'était affecté à une localité particulière. On appelait *presbytères* ces corps de prêtres institués, ce semble, par les apôtres eux-mêmes, et qui, transformés par les siècles, se perpétuèrent et devinrent nos Chapitres. Au nombre des prérogatives les plus importantes des presbytères se trouvait le droit de gouverner l'église pendant la vacance du siége épiscopal, droit qui s'est conservé.

Saint Memmie vivait ainsi au monastère de Saint-Pierre, avec un certain nombre de clercs ; après sa mort ce collége subsista, mais quand la cathédrale Saint-Etienne eut été bâtie, les religieux vinrent en ville et habitèrent près de la nouvelle église (625). Ce fut vers cette époque que ces colléges prirent le nom de chapitre, et leurs membres celui de chanoines. En 906, une règle uniforme leur fut imposée et la vie en commun prescrite sévèrement ; les chanoines alors vivaient absolument comme des moines, sous la direction de l'évêque qui continua à être leur chef jusqu'à l'établissement des doyens, n'ayant qu'une cellule, prenant leurs repas ensemble ; seulement il y avait des tables différentes pour le prélat et les étrangers qu'il invitait, les prêtres, les diacres et les minorés ; les clercs externes y étaient traités chaque dimanche. Ils servaient tous à tour de rôle et par semaine.

Le roi Charles-le-Chauve rendit plusieurs Chartes en faveur du Chapitre Saint-Etienne : par l'une d'elles, datée du mois de février 859, il lui donna deux places appartenant au fisc, proche la cathédrale, pour y bâtir un cloître, en défendant l'entrée aux étrangers et l'exemptant de toute puissance séculière (1). En 845 il avait déjà confirmé les immunités de cette église ; par les autres il lui reconnaît la possession de la cha-

(1) Voici la teneur du diplôme du roi sur la donation et les franchises du cloître :

« In nomine sanctæ et individuæ Trinitatis, Karolus gratia Dei rex. Laboramus nos ob emolumentum mercedis animæ nostræ qui ubique res Ecclesiæ ità curamus ut nostras ; merito enim, quia qui regio culmine desiderat preferri, enixius cujus gratia præfertur debet meditari, meditationemque perfertam est augmentum provehere. Igitur noverit omnium sanctæ Dei Ecclesiæ fidelium, nostrorumque tam præsentium quàm

pelle Sainte-Marie, hors les murs, et de biens considérables à Thibie, Aulnay-l'Aître, Plichancourt et Ablancourt (850), Changy (853), l'abbatiole de Saint-Sulpice (1), Jaalons, Flo-

futurorum sollertia quia infra muros urbis Cathalaunicæ quandam aream nostræ proprietatis ex fisco nostro qui vocatur.... ad utilitatem et commodum ejusdem urbis ecclesiæ, cui præsidet venerabilis Pontifex Erchenraus, ab hinc et in reliquum constituimus mancipandam quæ ex tribus partibus cingitur terra ipsius ecclesia, videlicet S. Stephani; de quarta parte jungitur viæ publicæ : habet namque in longo perticas.... et.... in transverso; necnon et in eadem urbe alteram aream subditam nostræ munificentiæ, eidem ecclesiæ perpetualiter delegamus mancipandam, et utrum si ex fisco nostro, an etiam, fisco nostro subjacens eidem ecclesiæ, sicut præfiximus, constituimus mancipandam : quatenùs fratres ibidem Deo famulantes desuper mansiones construant atque habitent sicut mos est ecclesiasticùs : habet in longo pertica...... in transverso..... Insuper quoque per hoc nostræ jussionis præceptum precatus est nos idem pontifex quod edicto sempiterno institueramus, ut nullus accessus in claustro, vel in mansionibus prædictorum fratrum ibidem famulantium deo sit : neque regia potestas, nec etiam judiciaria quælibet; sed cum summa immunitate sit idem; ipse locus per supervenientia tempora immunis atque ab omni accessu extraneo quorumlibet hominum liberrimus, cujus petitionem, quoniam valdè nobis rationabilis visa est, considerantes, assensum quoque præberi nequaquam distulimus; sed per hoc nostræ aucthoritatis præceptum, et prædictas areas eidem ecclesiæ delegamus. Et immunitatem et securitatem jubemus fratribus omni tempore superventuro quiete condonari nemine inquietante aut illorum famulatum in aliquo impediente : et ut hæc nostræ largitionis aucthoritas firmior habeatur, manu propria subtùs eam firmavimus, annulique nostri impressione sigillari jussimus. Data nonis februariis, indictione VII, anno XVIIII, regnante Karolo gloriosissimo rege. Actum Lauduni, In nomine Dei. Amen. » (An. 859. Cartul. de S. Pierre. Archives de la préfecture).

(1) On donnait aux 9e, 10e et 11e siècles le nom d'abbatiole (*abbatiola*) à de petites abbayes dépendant immédiatement des chapitres ou d'abbayes plus considérables.

rigny, Mailly, les abbatioles Saint-Etienne d'Arcis-sur-Aube,
et Sainte-Tanche, dans le diocèse de Troyes (863), etc. (1).

Comme on le voit, le Chapitre avait dès cette époque de
riches et nombreuses possessions; les rois et les évêques le
comblèrent de donations, et plusieurs papes vinrent successi-
vement les confirmer, en ajoutant chaque fois une nouvelle
attestation de ses libertés et de ses franchises. En 1063, les
chanoines obtinrent la suppression du prévôt, première dignité
après le prélat, et à sa place parut le doyen, qui dès lors prit
la direction réelle du chapitre (2). C'est par cet acte que commença la séparation des pouvoirs de l'évêque et des chanoines,
et à dater de ce moment aussi commença entre eux cette ri-
valité longue et inquiète, qui ne se termina que par la victoire
momentanée de ces derniers vers le XV' siècle.

En 1099, éclata une vive dispute entre les religieux de
Saint-Etienne et les moines de Toussaint, au sujet de l'abbatiole
de Saint-Sulpice, qui appartenait de tout temps, comme je
viens de le dire, aux premiers, et que les autres prétendaient
s'arroger, en arguant d'une possession de plus de trente ans;
l'évêque dut intervenir, et tout en laissant Saint-Sulpice aux
moines, il soumit leur abbé à une sorte de sujétion envers le
Chapitre, le forçant de faire le service des messes et d'assister
aux vêpres des grandes fêtes. Cette contestation étant parvenue
aux oreilles du pape Paschal II, celui-ci accorda aux chanoines
une nouvelle bulle dans laquelle il reconnaissait leur suprématie sur quatorze églises, sur la Collégiale de la Trinité, sur
la Monnaie, et confirmait la franchise du fief de Saint-Amand

______

(1) Cartulaire de l'église Saint-Etienne; archives de la préfecture.

(2) *Gallia christiana*, t. IX, p. 902.

Le doyen devait céder le pas aux archidiacres, soit dans le chœur,
soit dans les cérémonies publiques.

(1107). La bonne intelligence cependant existait encore avec l'évêque Guillaume de Champeaux ; il vivait au milieu de ses chanoines, donnant des leçons publiques et expliquant les saintes Écritures (1). Parmi les dons qu'il leur fit, je signalerai sa renonciation au droit de se servir du Trésor de la cathédrale, dont avaient joui ses prédécesseurs. Toutefois, à cette époque, l'évêque avait une grande autorité sur le Chapitre ; il pouvait, quand il sortait de Châlons, prendre tel nombre de chanoines qu'il lui semblait, les envoyer où il voulait. Ceux-ci étaient astreints à une règle sévère, n'ayant que quinze jours de vacances par an ; et quand ils s'absentaient sans permission, ils devaient être frappés de verges : *dùm redierint debeant verberari* (2). La même peine était applicable aux chanoines des collégiales de la Trinité et de Notre-Dame qui manquaient aux offices. Le régime intérieur du cloître n'était pas beaucoup plus doux, car on voit l'évêque Guillaume de Perche donner du pain et du vin aux chanoines qui assistaient à la grande messe pendant l'Avent et le Carême (1224).

En 1246, Eudes de Châteauroux, légat du pape, donna au chapitre une nouvelle réforme, où j'ai trouvé quelques passages curieux : Défense de causer dans les stalles ou de passer entre l'autel et le chœur *comme dans une rue*, sous peine d'amende ; — privation de la rétribution aux chanoines qui n'arrivaient à la messe qu'à l'épitre : — quand ils disaient des injures à quelques-uns de leurs frères, ils en étaient également privés jusqu'à ce qu'ils eussent fait des excuses ; — enfin défense de nommer des chanoines ou des clercs à des cures, sans examen, comme on le faisait en s'appuyant sur ce qu'ils étaient censés examinés parce qu'ils étaient du chœur.

(1) Ancien manuscrit de la Cathédrale, cité par don François.

(2) Bulle du pape Alexandre III, datée de Sens, le 24 avril 1164.

Cette réforme, demandée par Geoffroy II qui occupait alors le siége de Châlons, indisposa vivement le chapitre contre l'autorité épiscopale, et peu de jours après le doyen s'étant plaint de certaines vexations de la part du comte Thibaut IV de Champagne sans obtenir de réponse de l'évêque, il fit cesser l'office divin dans la cathédrale. L'archevêque de Reims lui donna raison, et dès-lors les chanoines se sentirent puissants pour l'avenir. En 1268, l'évêque affranchit plusieurs serfs de sa seule autorité ; le doyen fit cette fois cesser le jeu de l'orgue, obtint du prélat une indemnité de 1100 livres tournois, et ne fit recommencer l'orgue que sur une bulle du pape (mars 1269). Cette usurpation de pouvoir alarma justement les évêques de France ; ils se réunirent en conseils à Compiègne, dans l'année 1277, et déclarèrent que les Chapitres ne pouvaient en aucun cas avoir l'exercice de ces prétendus droits. Nos chanoines ne se rendirent pas à cette injonction, et on les voit dès l'année suivante recommencer sans motif et ne céder que sur une nouvelle bulle du pape Nicolas III, qui leur ordonnait de faire des excuses à l'évêque et de lui payer tout l'argent perçu depuis le jour de la cessation du jeu de l'orgue jusqu'à celui de leur soumission (22 février 1279).

En 1284 commença, avec l'évêque Jean de Châteauvillain, au sujet de sa juridiction spirituelle et temporelle, une nouvelle querelle qui se prolongea près de vingt ans. Le pape Honoré IV (Jacques Savelli) avait été chanoine de Châlons, et donna à ses anciens confrères, aussitôt son avènement, deux bulles dans lesquelles il leur reconnaissait le droit d'excommunier ceux qui feraient tort à l'église de Saint-Etienne, qu'il appelle « sa mère » et qu'il chérit comme « sa fille », et le droit de faire arrêter et punir par leurs officiers ceux qui commettraient des crimes dans le Cloître, clercs ou laïcs. L'évêque, blessé dans sa suprématie, se plaignit au Roi et au Par-

lement (1). Pendant ce temps les chanoines cessèrent encore
l'office divin. Voyant cela, Jean de Chateauvillain se présenta
un jour à la porte de la cathédrale, se la fit ouvrir de force, y
célébra la messe, et, étant accompagné de son bailli, fit ren-
dre la justice dans le cloître, ce qui causa, dit la chronique,
des scandales, des excès et des violences. Le Parlement donna
tort à l'évêque qui, obsédé de ces discussions perpétuelles,
s'éloigna de son siége. Le Chapitre alors lui adressa une mo-
nition des plus sévères pour qu'il eut à y revenir « et à cesser
de mener une vie vagabonde » (1295). Enfin le pape intervint,
nomma des commissaires qui, réunis à des arbitres choisis
par l'évêque et le doyen, parvinrent à faire cesser ce déplora-
ble état de choses (10 janvier 1300). Comme on doit le pen-
ser, cette défaite porta un coup sérieux à l'autorité épiscopale
et augmenta singulièrement celle du Chapitre. Grâces à ces
concessions, la bonne harmonie se rétablit cependant quelque
peu ; mais l'humeur inquiète et remuante de nos chanoines ne
leur permettait guère de demeurer tranquilles dès qu'ils
croyaient qu'on empiétait sur leurs priviléges. Ils étaient
exempts de tout pouvoir séculier, des tailles et autres impositions, aussi eurent-ils de fréquents démêlés avec les bourgeois
de Châlons qui, en diverses circonstances, et notamment en
1330, avaient voulu les priver de cette franchise. Même en
1347, ils voulurent essayer de refuser le paiement d'une taxe
de guerre, imposée par le capitaine pour le Roi dans la ville de
Châlons. Cette fois, ils s'étaient attaqués trop haut et durent
se soumettre promptement. Ils étaient exempts des logements
militaires.

---

(1) Remi, prédécesseur de Jean de Chateauvillain, lui avait légué une
somme de mille livres pour être employée à rechercher et à défendre les
droits de l'évêché. (Testament du mois d'octobre 1284).

Vers le milieu du XIVᵉ siècle, les chanoines de Reims avaient quitté la vie commune. En 1380, ceux de Châlons obtinrent du pape Clément VII la même faveur; chaque canonicat reçut une assignation de prébende, de cures, etc.

Depuis ce moment on ne voit plus, pendant quelque temps, se renouveler ces scènes des siècles précédents; le Chapitre en était arrivé en partie à ses fins en abaissant la puissance épiscopale, laquelle en effet perdait chaque jour de son prestige.

En 1392, l'évêque Charles de Poitiers reconnut également que le chapitre était sous la sauvegarde du Roi, et que de plus il n'avait pas le droit de faire afficher ses mandements aux portes des églises de Saint-Etienne et de Notre-Dame. Deux ans plus tard il leur confirma la faculté de refuser l'assistance de leurs clercs aux cérémonies religieuses, et entre autres à la consécration des saintes huiles.

Désormais l'autorité capitulaire fut parfaitement distincte de celle de l'évêque, et ces deux pouvoirs continuèrent de subsister concurremment, le premier empiétant toujours peu à peu sur le second, jusqu'au jour où l'arrêt du Parlement qui permettait aux chanoines de refuser à l'évêque le serment de foi et hommage, vint y porter un nouveau coup (26 mai 1452). Pourtant il devait y avoir une réaction. On comprend aisément que les évêques, élus par les chanoines eux-mêmes, fussent dans leur dépendance et en quelque sorte soumis à eux; mais quand vint le concordat conclu par François Iᵉʳ avec le pape Léon X, la situation changea singulièrement (1514): l'évêque, nommé désormais par le Roi et institué par le Pape, retrouva sa liberté d'action et se sentit affranchi du joug du Chapitre. Pourtant, en 1564, nos chanoines entreprirent quelque chose d'inouï : ils prétendirent refuser à l'évêque Jérôme de Burges toute autorité ou juridiction sur la cathédrale, lui enlever le droit d'avoir un fauteuil ou trône près du maître-autel, de prêcher quand il le voudrait, de se faire précéder de ses deux huissiers dans le Cloître, etc. Cette affaire eut naturellement un grand retentissement et fut portée au Parlement de Paris, à qui ces prétentions semblèrent exorbitantes ; aussi un arrêt fut-il rendu, ordonnant le maintien de tous ces priviléges, et donnant de plus à l'évêque la faculté de présider le Chapitre dans les cas où il jugerait sa présence utile et convenable (15 février). Ce fut la fin de ces démêlés malheureux. Les chanoines durent se soumettre devant la volonté du Roi et perdre une partie de cette autorité qu'ils avait usurpée. Néanmoins ils conservèrent le droit de faire prêter à l'évêque le serment de conserver leurs franchises (1), et, dans un synode tenu par l'évêque Jérôme de Burges, le 23 août 1564, celui-ci reconnut solennellement qu'il ne pouvait rien entreprendre sans l'avis du Chapitre : « Volumus, dit le procès-verbal, etiam » in cæteris capitulo nostro nostræ cathedralis ecclesiæ jus » suum auctoritatemque conservari : nihil enim inconsulto eo » aut saltem duobus vel tribus ex canonicis quos nos idoneos » erigerimus si id causæ gravitas requirat inconsultis agere. »

(1) Il existe dans les archives du Chapitre un petit livre manuscrit et en papier, du commencement du 14e siècle, où se trouvent les formules de serment des divers ordres de prêtres du diocèse. Voici celle des évêques :

« Ego N.... Cathalaunensis episcopus, juro ad sancta Dei evangelia quod ego jura, libertates et consuetudines approbatas episcopatûs et capituli Cathalaunensis proposse meo fideliter observabo. Ità Deus me adjuvet et hæc sancta Dei Evangelia. »

Pour le doyen :

« Ego N.... decanus ecclesiæ Cathalaunensis juro quod servabo jura decanatûs, et supportabo onera decanatûs et ecclesiæ. Ità me adjuvet, etc. » (Archives de la préfecture, fonds Saint-Etienne.)

A cette époque, le chapitre avait le droit de refuser au nouvel évêque l'entrée de la Cathédrale jusqu'à ce qu'il eut prononcé ce serment (1243).

Tant que les chanoines avaient vécu en commun , ils avaient porté un costume des plus sévères avec l'aumusse noire; mais ils y introduisirent de notables changements lors de leur sécularisation. Leurs aumusses étaient faites en peaux d'écureuil. En 1385 , prétendant que les guerres de la Catalogne , d'où ils tiraient ces fourrures , en rendaient l'acquisition coûteuse et difficile , ils en prirent de grises , et se mirent à les porter sur les bras au lieu de les jeter sur l'épaule comme auparavant (1). En même temps ils substituèrent le bonnet à quatre cornes à l'espèce de mître dont ils se servaient, et adoptèrent la robe noire à la place de la blanche ; le doyen et le chantre la conservèrent seuls en rouge, et les autres dignitaires en violet; ils quittèrent aussi le surplis pour le rochet, et portèrent par-dessus une chape noire , doublée en rouge ou en violet, traînant jusqu'à terre , avec le capuchon en pointe pour l'hiver.

Nous avons vu que Charles-le-Chauve leur avait accordé un emplacement libre pour élever un cloître; mais il paraît qu'il était mal fermé , car diverses chartes prouvent qu'il fut fréquemment envahi : une fois un homme fut tué à la porte même de la cathédrale ; dans d'autres circonstances les chanoines eux-mêmes furent maltraités. L'évêque Pierre de Hans les autorisa à en bâtir un autre, et leur céda plusieurs maisons pour leur permettre de l'agrandir et de le mieux fermer : *ad vitandum secularium tumultum*, dit la charte (1255). Saint Louis et le pape Alexandre IV approuvèrent cette détermination. Le cloître fut rapidement construit , entouré de fossés et fermé par trois portes. Chaque chanoine y avait sa maison séparée (1257). Quatre ans plus tard le même évêque leur céda une partie de ses droits seigneuriaux dans Châlons, et depuis

(1) Bulle du pape du 14 juin 1383.

lors la justice du cloître et du ban Saint-Étienne, qui comprenait les maisons des chanoines de Notre-Dame, l'Hôtel-Dieu, les maisons adjacentes, les campagnes des chanoines et des bénéficiaires, et la terre de Rougnon, fut entièrement entre les mains du Chapitre, qui avait un bailli, un lieutenant, un procureur fiscal, un substitut, un greffier, un procureur de justice et des huissiers (1). Dans la suite, les appels de cette juridiction furent portés au bailliage (1690). De plus au moyen-âge, il avait un certain nombre de francs-servants, libres de toutes tailles et impositions : on en comptait sept en 1210. Un huitième leur fut adjoint, en 1224, pour surveiller la donation de pain et de vin faite par l'évêque Guillaume de Perche. Enfin il y en avait douze en 1330. Les bourgeois voulurent les priver de ces priviléges, mais le Parlement intervint et décida que désormais cinq seulement seraient exempts de la taille, savoir : le fournier, l'huissier, le barbier et les deux portiers (décembre 1331).

Le doyen nommait aux canonicats et chapelle de la Trinité, de Saint-Étienne et de Notre-Dame, aux paroisses Sainte-Marie, Saint-Loup, Saint-Antoine, Sainte-Marguerite et Saint-Éloi, aux chapelles de l'Hôpital, etc. Il était seigneur d'Aulnay, de Billy, de Champagne, de Coupéville, de Francheville, de Jaalons, de Saint-Amand, de Thibie, de Trépail, de Villotte, de La Cheppe, vicomte d'Ambonnay, etc.

Chaque évêque, à son installation, devait au chapitre une chape de drap d'or de la valeur de cent écus, comme droit de joyeux avènement. Les chanoines, à leur nomination, en devaient une d'une valeur de trente livres seulement. De plus l'usage était de toute antiquité que le dernier chanoine en tour

____

(1) Papier Terrier du ban Saint-Pierre. (Registre in-4° de l'année 1616, Arch. de la préfecture).

fît une représentation de saint Jean l'évangéliste et de saint Etienne, et donnât après un repas à tous ses confrères. Cette coutume subsista jusqu'au commencement du siècle dernier ; mais à cette époque le Chapitre voulut la réformer comme abus. On rendit à cet effet une délibération unanime qui en décida l'abolition : « parce que ces festins sont insensiblement » dégénérés en festes prophanes et en dépenses excessives et » ruineuses auxquelles il serait à propos de mettre fin, » et cette sorte de tribut fut remplacé par un don fixe de six cents livres, savoir : quatre cents pour la fabrique, et deux cents pour la réparation des églises des villages : « laquelle somme, » dit le procès-verbal, sera mise par ledit chanoine en tour » sur le bureau de la salle capitulaire, le jour de saint Thomas, » apôtre (1). » Le parlement se hâta d'homologuer cette sage détermination.

La composition du Chapitre varia à diverses époques : en 1699, il comptait huit dignitaires, les quatre archidiacres de Châlons, d'Esternay, de Perthes et de Vertus : le doyen (2), le chantre, le sous-chantre, trente-neuf chanoines, deux vicaires

---

(1) Arrêt d'homologation par le parlement de Paris du statut capitulaire du 26 juillet 1749. (Archives de la préfecture, fonds Saint-Etienne.)

(2) Voici la liste des doyens du chapitre de Saint-Etienne, telle que la donne le *Gallia christiana* ; je l'ai complétée jusqu'en 1789.

Elbert paraît dans une charte en 1060.

Varin ou Varnier paraît en 1092 et encore en 1109.

Odon de Ploiastro, archidiacre, 1114—1130.

Anselme.

Anscher, 1133.

Rainier, 1140.

Alard, 1146.

Radulfe, 1147—1161.

perpétuels et soixante chapelains. Dans les temps anciens on y vit jusqu'à soixante chanoines et autant de chapelains. Enfin en 1789 il se trouvait réduit à vingt-huit chanoines, deux quart-prébendés, deux vicaires perpétuels et trois prêtres habitués. J'ajouterai seulement à ces derniers renseignements que le chapitre nommait à tous les bénéfices en sa possession,

Bovon, 165.

Rolland, 1170.

Roger, 1174.

Jacob Ier, 1177.

Hugues de Ravel réunit les chanoines de S. Nicolas à la collégiale de la Trinité, 1190.

Etienne de S. Memmie 1223.

P........, 1247.

Guillaume, de Paris, 1261.

P......., de S. Amand, 1277.

Simon, de Hans, 1288—1299.

Après lui, les auteurs du *Gallia christiana* reconnaissent une lacune de plus d'un siècle, pendant lequel ils n'ont pu continuer la liste ; le chanoine Beschefer, dans l'édition du *Gallia*, annotée par lui et conservée à la bibliothèque du chapitre, n'a pu citer que : Etienne Porson, Jean de Hermonville, Etienne de Peneres et Gaillard Frozun (1335).

Pierre Clare, 1425.

Pierre Cossette, *seu* Cotel, selon Beschefer, 1472.

Jacob de la Vielville, 1495.

Jacob d'Alebret, abbé de S. Basle, 1505.

Guillaume Cretin, aumônier du roi, 1520.

Charles Cuissotte, seigneur de Bierges, mort en 1543.

Nicolas de Bussy.

Charles de Godet, seigneur de Renneville, garde des sceaux du bailliage de Vermandois, 1550.

N........ de Toult, mort en 1575. L'évêque avait nommé à sa place Edmond de Laage, conseiller d'Etat, mais le chapitre ne le reçut pas.

Jean Clément, élu en janvier 1575.

Pierre de Bar, 1587.

à l'exception des archidiaconés et de la trésorerie, qui étaient à la collation de l'évêque.

Pour compléter cette notice, je renverrai au travail que M. l'abbé Estrayez de Cabassoles a publié sur la cathédrale, et qui, tout en donnant une savante description de ce monument, rapporte certains faits curieux et peu connus (1).

Jean Clément , 1593.

Claude François, 1606.

Claude Adam , élu en 1617, mort en 1638.

Jean Domangin , quitte en 1644.

Nicolas Cuissotte de Gizaucourt, mort en 1658.

Claude Perrin, archidiacre, 1665.

Pierre de Bar , 1687.

Antoine Laigneau, grand-archidiacre, abbé de Haute-Fontaine, vicaire-général de l'évêché, quitte en 1704.

Pierre Cuissotte de Gizaucourt, mort en 1705.

Charles d'Eu (des d'Eu de Vieux-Dampierre), élu le 3 mars 1705, mort en 1728.

Panage Lemaître de Paradis, abbé de Toussaint, élu en 1728, mort en 1768, mais avait quitté auparavant.

François-Memmie Hoccart, 1755.

Pierre-Maurice Saguez de Breuvery , vicaire-général, 1768-1789.

(1) *Notice historique et descriptive sur la Cathédrale de Châlons-sur-Marne.* Châlons, 1842, librairie de T. Martin; broch. in-8°.

(Publié dans les N°ˢ du *Journal de la Marne* des 16 et 20 mai 1851.)

Châlons. imprimerie de T. Martin.